Le
CHANSONNIER
OMNIBUS.

❀

Chantons encore!
Naguère un grand homme chantait :
Nous n'avons point sa voix sonore,
Mais puisque Béranger se tait,
Chantons encore!

❀

PRIX : 5 SOUS.

2ᵉ Livraison.

Paris.

DUVERNOIS, LIBRAIRE,
PALAIS-ROYAL, GALERIE DES PROUES, Nᵒˢ 51 ET 52.
Ci-devant maison Ponthieu.

—

M DCCC XXXIV.

LE

CHANSONNIER

OMNIBUS.

───────◦◦◦◦───────

Chantons encore.

❀

AIR : Sur la verdure.

Chantons encore !
Naguère un grand homme chantait :
Nous n'avons point sa voix sonore,
Mais puisque Béranger se tait,
Chantons encore.

Chantons encore
Bacchus, Ignace, et leurs exploits,

TOME I.

Ce qu'on chérit, ce qu'on abhorre ;
Chantons l'amour, chantons les rois...
Chantons encore.

Chantons encore !
Le peuple attend de nouveaux sons ;
C'est le peuple qui nous implore ;
Le peuple a besoin de chansons :
Chantons encore !

Chantons encore ;
Et si l'on écoute nos chants,
Malheur à qui se déshonore !.....
Pour faire trembler les méchants,
Chantons encore !

CLAIRVILLE *aîné*.

Il n'y a pas de bon dieu.

❀

AIR : En revenant de Bâle en Suisse.

Notre reine, mal informée,
Veut faire des dévots de nous :
La France désaccoutumée
Ne sait plus se mettre à genoux.
    Paris en provinces,
    Nul en aucun lieu,
    Non plus qu'aux bons princes
    Ne croit au bon dieu.

Le vieux monarque aux vieilles haines
Tenta naguère ce coup-là :
Il y perdit son temps, ses peines;
Il y perdit mieux que cela.
    Paris ou provinces, etc.

Tout gouvernant à tout le monde
Voudrait faire manger les saints,

Comme on nourrit un porc immonde
De mets grossiers, souillés, malsains.

    Paris ou provinces, etc.

En vain le burlesque tricorne
Par-ci, par-là reprend ses droits ;
En vaiu dans l'oreille on nous corne
Qu'il faut r'habiller l'Auxerrois.

    Paris ou provinces, etc.

Châtel, Saint-Simon et le temple
Auront beau s'exalter à froid,
Avec dégoût chacun contemple
Un singe lourd et maladroit.

    Paris ou provinces, etc.

Ton titre même, ô reine austère!
Doit nuire à ton vœu maternel :
Serait-il des rois sur la terre
S'il était un Dieu dans le ciel?

    Paris ou provinces, etc.

                Un Athée.

Semons
LES CHAMPS DE L'AVENIR.

❀

AIR d'Yelva.

Pour un instant, dans cette triste vie,
Grâce au présent l'homme riche est heureux :
Guidant un char qui jamais ne dévie,
Sans peine il touche au terme de ses vœux;
Mais combien peu possédant la richesse,
A leur hiver pensent sans tressaillir!
Pour voir sans crainte arriver la vieillesse,
Il faut semer les champs de l'avenir.

Usant ses fers, l'esclave qu'on opprime
Espère un jour ravir la liberté;

L'ambitieux croit souvent par un crime
Tarir la soif dont il est tourmenté
L'esclave meurt brisé par la souffrance :
L'ambitieux dans les fers va périr :
Tous deux pourtant, bercés par l'espérance ,
Semaient aussi les champs de l'avenir.

Le camp des Grecs, attaqué sans défense ,
   oit du croissant le signe détesté :
Le fils d'Hydra mourant avec vaillance,
Répète encor ces chants de liberté :
« Trahis par tous, nous perdons la victoire,
» Mais nos débris, que le ciel va bénir,
» A nos enfans rediront notre gloire :
» Il faut semer les champs de l'avenir. »

Qu'en un festin la beauté nous couronne
De pampre vert, et non d'un lourd métal ;
Sur notre front que la gaîté rayonne ;
Mêlons nos chants au doux bruit du cristal !
Ivres d'Aï, pressons gentil corsage :
De nos amours le brûlant souvenir

Réchauffera nos sens glacés par l'âge :
Il faut semer les champs de l'avenir.
Fuyant les grands, leurs cordons, leur richesse,
Près d'un ami coulons en paix nos jours ;

Partageons tout, et plaisir et tristesse ;
Contre le sort protégeons-le toujours.
Tendons la main au malheur qui supplie :
Faire du bien, ah! ce n'est pas vieillir.
Puisque là-bas il est une autre vie ,
Il faut semer les champs de l'avenir.

Émile DEBRAUX. (Inédit)

Le Républicain.

✾

AIR : Faut d'² la vertu, pas trop n'en faut.

On peut naître serf ou baron,

    Brave ou poltron,

    Fluet ou rond,

Fort ou faible, doux ou taquin;

Moi je suis né républicain.

Oui c'est ainsi que l'on me nomme :

Bien jeune et détestant les rois,

Dès qu'on m'a dit : Vous êtes homme :

J'ai demandé : Quels sont mes droits?

Un vieillard que ma voix étonne

Me dit : « Enfant, pourquoi ces cris?

» Où l'on admet les droits du trône,
» Les droits de l'homme sont proscrits.

On peut naître, etc.

» Des droits, hélas! qu'en veux-tu faire?
» Les rois nous gouvernent encor;
» Le pauvre peuple ne s'éclaire
» Qu'aux rayons de leurs sceptres d'or.

On peut naître, etc.

» Oui, sur les trônes que vous faites,
» Tant qu'un monarque veillera
» A l'alignement de vos têtes,
» Mort au front qui se lèvera. »

Je sais qu'au-dessus de la foule
Les rois s'élèvent de nouveau;
Mais que leur vieux trône s'écroule,
Ils seront à notre niveau.

On peut naître, etc.

Pourquoi fixer au bras d'un spectre
L'insigne du pouvoir français?
Pourquoi la main qui fait le sceptre
Ne le porte-t-elle jamais?

Comme on peut naître fanfaron,
    Brave ou poltron,
    Fluet ou rond,
Faible ou fort, docile ou taquin;
Moi je suis né républicain.

C. L.

Chanson à boire.

AIR : Mon père était pot.

Mangeons, mangeons est le refrain
  D'une chanson que j'aime.
Ce vieux refrain m'a mis en train :
  Je veux chanter de même.
    Plus nous y songons,
    Mangons, oui, mangons ;
  C'est un titre à la gloire.
    J'aime les bons mets,
    J'aime à manger, mais
  J'aime encor mieux boire.

C'est dans le vin qu'est le plaisir,
  Si l'on en croit l'histoire.

Grégoire, avant que de mourir,
Criait encor : « A boire! »
Et dans cet instant,
Un buveur prétend
Que, jaloux de sa gloire,
Même après sa mort,
Il fit un effort,
Et but dans l'onde noire.

Sur la carte je vois souvent
La *mer Adriatique*,
La *mer du Sud* et *du Levant;*
Je vois la *mer Baltique;*
Mais de ln gaîté
Toujours enchanté,
J'évite la *mer Noire;*
Puis en bon gourmet,
La *Rouge* me plaît,
Car, c'est la *mer à boire*.

Voulez-vous bien faire l'amour?
Videz vingt fois verres!

Voulez-vous rimer chaque jour!

Buvez, buvez, mes frères!

Vraiment, c'est en vain

Qu'on blâme le vin :

Il donne de la gloire.

Un auteur souvent

Arrive en roulant

Au temple de mémoire.

Grisons le débile vieillard

Que le temps inquiète;

Grisons la prude, le cafard,

Et grisons la coquette.

Grisons les enfans,

Grisons les mamans.

Les faiseurs de gazettes;

Grisons les garçons,

Grisons les grisons,

Grisons jusqu'aux grisettes!

BRAZIER.

Du Pain.

CHANSON PÉTRIE DE VÉRITE.

❀

AIR de la Boulangère.

Amis, j'ai fait une chanson
  A votre bénéfice,
Et, je vous le dis sans façon,
  Car je suis sans malice :
Si je mets la main au pétrin,
  C'est pour qu'on vous pétrisse
    Du pain,
  C'est pour qu'on vous pétrisse.

Certain avocat en juillet,
  Aussi brave qu'un Suisse,

Pendant le combat s'enfuyait,
   Tout pâle de jaunisse :
« Où courez-vous d'un si bon train?
   » — Dire qu'on vous pétrisse
      » Du pain,
» Dire qu'on vous pétrisse. »

Ce savant qui nous fait des lois
   Et parle comme Ulysse,
Cumule jusqu'à trois emplois,
   Mais défend par caprice
Que l'on accapare le grain...
   Afin qu'on vous pétrisse
      Du pain,
Afin qu'on vous pétrisse.

Que désirent tous nos trembleurs
   Et les gens de justice?
Que demandent tous nos sauveurs
   Et les gens de police?
Qu'exige ce républicain?
   C'est que l'on vous pétrisse

Du pain,

C'est que l'on vous pétrisse.

Que veut notre bon souverain,

Afin qu'on le chérisse,

Et ce pauvre qui meurt de faim,

Afin qu'on le nourrisse?

Même que veut monsieur Dupin?

C'est que l'on vous pétrisse

Du pain,

C'est que l'on vous pétrisse.

PATEMOLLE,

Apprenti mitron, rue du Four.

Imprimerie de G.-A. Dentu, rue d'Erfurth, 1 bis.

Le Carnaval.

※

Air du vaudeville de *la Revue de Paris.*

Pour faire des sottises
Le carnaval est engageant :
C'est le temps des bêtises ;
 On est plus indulgent.

Ennemis de la France,
Entrez chez nous : voici l'instant.
Riant de votre imprudence,
Nous chanterons, en vous battant :
 Pour faire des sottises, etc.

En lisant mainte histoirè,
En écoutant certains discours,

Ne pourrait-on pas croire
Que ce beau temps dure toujours?

   Pour faire des sottises, etc.

On dit que monsieur le maire
D'ouvrage en ces jours ne manque pas;
   Mais en f'sant son affaire
Que d' fois il doit l' dire tout bas :

   Pour faire des sottises, etc.

   Notre voisin Gros-Pierre,
Un certain soir de mardi-gras,
   Trouva sa ménagère...
   Il s'enfuit en disant tout bas :

   Pour faire des sottises
Le carnaval est engageant :
C'est le temps des bêtises;
   On est plus indulgent.

          ADOLPHE JADIN.

Les Bals de l'Opéra.

Couplets chantés dans *le Prix de la Folie*.

❋

AIR : J'arrose, j'arrose (de *Jenni*).

L'antique,

Et surtout le gothique,

Voilà mon goût ; je ris de la critique.

L'antique,

Et surtout le gothique,

Lui seul me plaît :

S'il n'est vieux tout est laid.

Pour écouter un maître

Parfois bien ennuyeux,

Jadis il fallait être

Exact et studieux.

Maintenant, quelle gloire !

La jeunesse pourra

Faire son cours d'histoire
Au bal de l'Opéra.

On change de méthode,
C'est un bienfait du ciel ;
Oui, le maître à la mode
C'est monsieur Duponchel.
Homme couvert de gloire
Qu'à tort on enterra,
Tu vivras dans l'histoire....
Des bals de l'Opéra.

L'antique,
Et surtout le gothique,
Voilà mon goût ; je ris de la critique.
L'antique,
Et surtout le gothique,
Lui seul me plaît :
S'il n'est vieux tout est laid.

ÉTIENNE ARAGO, *le Prix de Foli*

La Fin du Bal.

Couplets chantés dans *C'est encore du bonheur.*

❀

AIR nouveau d'Ad. Adam.

Oui, prolongeons nos fêtes :
Le plaisir sur nos têtes
Endort son vol léger :
A l'ivresse qu'il donne
Que chacun s'abandonne
Sans remords ni dangers :
Q'une heure encore, une heure,
Parmi nous il demeure :
S'il fuit, tout va changer.
 Temps de folie
 Où l'on s'oublie
 Suspends ton cours :
 Jusqu'à l'aurore

Rions encore,

Rions toujours.

Le ciel est sans nuage :

Mais peut-être un orage

En ternira l'azur :

Du présent qu'on s'enivre,

Car du jour qui doit suivre

Aucun de nous n'est sûr :

Chaque horizon est sombre,

Le passé n'est qu'une ombre,

L'avenir est obscur.

Temps de folie

Où l'on s'oublie,

Suspends ton cours :

Jusqu'à l'aurore

Rions encore,

Rions toujours.

LOCKROY, *C'est encore du bonheu*

Mes derniers Amours.

✸

AIR de la Treille de sincérité.

Las de courir de belle en belle
On me verra sur mes vieux jours
   Fidèle
A mes derniers amours.

Depuis qu'à mes tendres folies,
L'âge m'arrache sans retour;
Je renonce aux femmes jolies
A Vénus, à toute sa cour.   (*Bis.*)
Aux genoux de Clair ou Rosine,
On me voit plus soupirant,
Mais pour la cave et la cuisine,
Je brûle d'un feu dévorant.

Las de courir, etc.

Ah! puisque l'enfant de Cythère
Tout bas m'adresse ses adieux :
Bourgogne, Champagne et Madère,
Soyez mes rois, soyez mes dieux.
Toi, ma table, sois ma maîtresse ;
Reçois mes sermens et ma foi,
Jamais d'une autre enchanteresse
Mon cœur ne subira la loi.

Las de courir, etc.

De Paphos si dans mon juene âge
J'ai visité les bords fleuris ;
Si dans ce doux pélerinage
Je fus courronné par Cypris ;
Ces fleurs si fraichement écloses
De mes ans ont hâté le cours.
Hélas! on vieillit sur des roses,
A table on rajeunit toujours.

Las de courir, etc.

Répondez, ô beautés naïves,
Vous qui régnâtes sur mon cœur,

Dans vos caresses fugitives
Peut-on rencontrer le bonheur ?
Il n'est ni dans un baiser tendre,
Ni dans un soupir étouffé ;
Mais dans un aloyau bien tendre
Et dans une pâté bien truffé.

Las de courir, etc.

Ou, la table me régénère,
Et grâce à ses divins appas,
Bonheur pour moi n'est plus chimère ;
Il sourit à tous mes repas.
Tantôt au bout de ma fourchette,
Tantôt dans un flacon d'Arbois,
Dans mon verre ou sur mon assiette,
Je le vois, le mange et le bois.

Las de courir, etc.

O divinité bienfaisante,
Qui présidez à nos festins,
Que vos faveurs sont séduisantes !
Combien j'en rends grâce aux destins !

Pour prix de mon idolâtrie
Dont le beau sexe enfin pâtit,
Conservez-moi, je vous en prie,
Et mes dents et mon appétit.

Las de courir de blle en belle,
On me verra sur mes vieux jours
Fidèle
A mes derniers amours.

V. DELACROIX (de Saône-et-Loire).

Le Démocrite.

❀

AIR : Trou là là.

Rions bien, rions bien :
D'être heureux c'est le moyen ;
Rions bien, rions bien ;
Ne nous chagrinons de rien.

Quand fille au regard fripon
Fait la prude et nous répond :
Qu'un amant rempli d'ardeur
Effarouche sa pudeur :
   Rions bien, etc.

A la chambre un intrigant,
Le ton haut l'air arrogeant,
La main toujours sur le cœur,
Nous parle de son honneur :
   Rions bien, etc.

Quand des héritiers joyeux,

Vêtus de noir, à nos yeux

Pleurent d'un air tout contrit

Le mort qui les enrichit :

Rions bien , etc.

Dans les doux nœuds de l'hymen ,

L'orsqu'engageant notre main ,

Une timide beauté,

Nous jure fidélité :

Rions bien , etc.

Lorsqu'un ignorant docteur

Nous dit qu'il est inventeur

De spécifiques nouveaux

Qui'guérissent les tous maux :

Rions bien , etc.

Lorsqu'un amoureux barbon ,

Pour plaire encor se croit bon ,

Et dit que ses cheveux blancs

Couvrent de feux de vingt ans ;

Rions bien , etc.

Quand les auteurs , les acteurs ,
Jaloux d'éloges flatteurs ;
Déclarent qu'ils sont ravis
Des succès de leurs amis ;
   Rions bien , etc.

Dans leurs sermons fulminans ,
Quand nos prêcheurs ambulans
Disent que les pervertis ,
Dans l'enfer seront rôtis :
   Rions bien , etc.

A table , au lieu d'étaler
Son savoir , et de parler
Dans un ennuyeux débat ,
Des misères de l'état ,
   Rions bien , etc.

     A , B , C , D , *et le reste de l'alphabet.*

Comme autrefois.

✱

Air : Faut l'oublier.

Jeune beauté, tendre maîtresse,
O toi que je fuis pour jamais!
De l'heureux temps où je t'aimais,
Hélas! je me souviens sans cesse :
J'étais pauvre, mais amoureux;
(L'amour se passe de richesse)
Lisette me rendait heureux.
Quand je lui disais : « Je t'adore! »
Mon cœur parlait avec ma voix...
Ah! je voudrais aimer encore
Comme autrefois.

Timide alors près d'une amante,
Je ne savais que désirer.

Six mois tu me fis soupirer...
Oui, six mois, six grands mois, méchante!
Eh bien! l'amour, l'espoir, l'ennui,
Les tourmens de ces jours d'attente
Seraient du bonheur aujourd'hui.
En calmant ce feu qui dévore,
Un jour fait regretter six mois...
Je voudrais soupirer encore
    Comme autrefois.

Je te croyais fidèle et sage ;
Fidèle et sage je t'aimais :
Quand j'appris que tu me trompais,
Je t'aimai, je crois, davantage.
Je répondis au délateur
Qui l'accusait d'être volage :
« Tremblez, tremblez, vil imposteur!
« L'amour que ma Lisette implore
« N'a qu'un seul trait dans son carquois... »
Je voudrais m'abuser encore
    Comme autrefois.

Tendre amour, douce confiance,

Par de secrètes fictions

Rendez-moi mes illusions;

Otez moi mon expérience.

Si je pouvais croire au bonheur,

Si je croyais à la constance,

Abjurant un faux point d'honneur,

De cette raison que j'abhorre,

Oui, je méconnaîtrai les lois;

Et je serais heureux encor

Comme autrefois.

CLAIRVILLE aîné.

Paris. — Imprimerie de G.-A. Dentu, rue d'Erfurth, 1 bis.

La Chanson.

Air à choisir.

Oui, sans rougir, je conte mon histoire,
Je puis chanter ma vie en peu de mots;
Un peu de bien, vraiment, veuillez le croire,
A su, parfois, ennoblir mes grelots.

En plein soleil, j'ai célébré nos gloires;
Sur mon pays, j'ai semé quelques fleurs;
J'ai su trouver des chants pour nos victoires,
Après avoir pleuré sur nos malheurs.

Moi, pauvre enfant, né du sein de l'orage,
J'ai vécu pauvre, et pauvre j'ai chanté;
Et quand la gloire apporta l'esclavage,
Ma faible voix murmura : Liberté!

La gloire morte, à nous douleurs publique
Quand le pouvoir arrachait un drapeau,
Moi, le premier, je jetai des cantiques
Sur le sépulcre ouvert de Waterloo!...

Ouvrant quinze ans de deuil et de scandale,
Il m'en souvient encore plus d'une fois,
Avec orgueil j'imprimai ma sandale
Au front flétrie de la tourbe des rois!

Faible David, dans ma main une fronde,
Quand, sur mes pas, on rampait en tremblant,
Moi, j'ajustais : Le coup part le trait gronde...
Et sous mes yeux chancelait le géant!...

Ces vils grelots, hochet de la folie
Purent portés, mieux que de beaux écrits,
L'écho craintif des sons de la patrie
Aux cœurs mourans de nos frères proscrits!

De noirs suppots quand l'indigne cohorte
Les condrmnait au pain, loin du foyer,

Frère-quêteur, j'allais, de porte en porte,
Pour les nourrir, mendier un denier.

Naguère encor, quand des voix mercenaires
Poup un peu d'or, là, se prostituaient,
J'osais chanter, et les cris populaires,
Se formulaient en chansons qui tuaient!...

Écoutez-moi : Sous le feu des Tropiques,
Lorsqu'expira l'homme de Marengo,
A deux genoux, j'attachai des reliques
Sur un débris du magique chapeau.

Et pour qu'un jour, le peuple s'en souvienne,
J'ai réuni, sous le même manteau,
Un empereur et son enfant de Vienne :
Sceptre brisé caché dans un berceau!...

Puis, quand tout Paris sauvait une patrie,
Paris m'a vu, même avant le succès,
Avec respect tendre une main amie,
Pour étancher un peu de sang français!

A tout puissant j'ai déclaré la guerre ;

Dans le danger, je sais chanter sans peur ;

Entre mes mains, à défaut de tonnerre,

Sur les félons j'agite un fouet vengeur !

Au sein du peuple où se passe ma vie,

Contre eux encor je puis tonner bien haut ;

Et pour river un traître à l'infamie,

Je garde aussi les clous et le marteau !

LOUIS LURINE.

Voici ce que notre GRAND-MAÎTRE écrivit à l'auteur, le 29 janvier 1832 :

« Je suis heureux, monsieur, que mon nom se trouve lié
« à un souvenir de votre jeunesse et que les vers que vous
« avez fait autrefois pour moi me vaillent de connaître ceux
« que vous venez de publier. Rien de plus honorable que
« de se faire le défenseur des opprimés, et ce noble senti-
« ment vous a procuré une heureuse inspiration poétique.
« Permettez seulement à un vieux rimeur de vous chicaner
« un peu sur quelques incorrections que vous eussiez pu
« éviter facilement. Au reste, vous avez ce qu'il faut pour
« les faire oublier, ce qui vaut mieux.

« Recevez, monsieur, etc.

« BÉRANGER. »

Les Bals de l'Aristocratie.

AIR : C'est l'amour.

Heureux du siècle, dansez!
  La canaille
  Pour vous travaille :
Par le travail terrassés,
Tandis qu'ils dorment, dansez!

Les beeux messieurs, les belles dames!
Comme ils sont contens d'être nés!...
Osez donc à ces bonnes âmes
Dire : « Il est des infortunés! »
  Avec effronterie
  Ils vont s'écrier tous :
  « Le peuple est sans patrie,
  « Et la France, c'est nous. »
  Heureux du siècle, etc.

Non, non : la France est dans la rue ;
La France est dans les ateliers ;
Elle est derrière la charrue
Et sous la tente des guerriers.

    Vous, témoins de ses peines,
    Vous les enregistrez,
    Pour chiffrer les aubaines
    Que vous en retirez.

    Heureux du siècle, etc.

Soupçonnant enfin qu'on le joue,
Ce peuple un jour se fâche-t-il?
Vite, en lui tapant sur la joue,
On lui dit qu'il est bien gentil,

    On le caresse : il grogne...
    Il sourit niaisement...
    Et puis, à la besogne
    Il se remit gaîment.

    Heureux du siècle, etc.

Parfois vos âmes hypocrites
De la pitié feignent l'émoi

Et d'un ton calin vous lui dites :

« Ce soir nous danserons pour toi. »

    Comme un vot il vous prône ;

    Plus sage il répondrait :

      « Un plaisir par aumône ,

      « C'est un bel intérêt ! »

Heureux du siècle, dansez !

    La canaille

    Pour vous travaille .

Par le travail terrassés,

Tandis qu'ils dorment, dansez !

Le vieux Pauvre.

AIR : Si vous m'aimez, pourquoi ne pas le dire ?

Il tend la main :
Le malheur l'environne :
Il s'affaiblit, il succombe en chemin ;
Il va mourir, la force l'abandonne...
Prenez pitié des maux du genre humain!...
Au bon vieux pauvre accordez une aumône :
Il tend la main.

Par un bienfait
Exauçons sa prière :
On est toujours riche du bien qu'on fait.
Pauvre vieillard ! sa douleur est sincère :
Fût-elle encor la peine d'un forfait,

Ah! soulageons , soulageons sa misère
Par un bienfait!

Regardez bien ,
Vous qui rêvez la gloire ,
Vous , jeunes gens qui ne redoutez rien :
Aux vains honneurs comme vous il put croire ;
Il eut peut-être un rang , un nom , du bien :
Que ses haillons parent votre mémoire...
Regardez bien!

Ces cheveux blancs ,
Il fut des jours prospères
Où , longs et noirs , ils flottaient élégans ;
L'Amour joyeux passait des mains légères
Sur ce front nu sillonné par les ans...
Ah! respectons , pour l'amour de nos pères ,
Ces cheveux blancs.

A son déclin ,
Sur la route commune ,
Triste et souffrant , il vous implore en vain :

Toujours sa voix nous paraît importune...
Voyez pourtant : il a froid, il a faim!
Malheur à l'homme arrivé sans fortune
    A son déclin!

    Au sein des flots
        Notre barque s'agite;
J'entends partout d'inutiles sanglots...
En saluant le port qui nous invite,
Sauvons l'esquif privé de matelots.
Nous ne pourrons l'arracher assez vite
        Du sein des flots.

    Prions, enfans!
        Déjà glacé par l'âge,
Son œil se ferme; il meurt à soixante ans...
Le voilà donc à l'abri de l'orage!
Et nous restons balottés par les vents!
Ah! puissions-nous échapper au naufrage!...
        Prions, enfans!

CLAIRVILLE *aîné.*

La Seringue.

✦

Air de la Colonne.

Salut, instrument politique!
Salut, arme de Diafoirus!
Ma muse, à la rime caustique,
Veut en ces vers célébrer tes vertus;
Je veux chanter les nombreuses vertus
De ton pouvoir dont la France s'étonne!
Mais, pour conter dignement tes hauts faits,
Je veux brocher mes modestes couplets.
Sur le refrain de la Colonne. (*Bis.*)

Un preux inscrit au temple de mémoire
Sut le premier te faire commuer;

Et l'ennemi, complice de ta gloire,

Fut à l'instant forcé d'évacuer;

Oui, ton canon le fit évacuer.

De ce héros, digne fils de Bellone,

Tous les exploits seront un jour chantés,

Et deux clyssoirs l'un sur l'autre montés

    Lui bâtiront une colonne.

Jadis, dans ton humble carrière,

Tu remplissais de moins nobles travaux;

Mais, des mains d'une ménagère

Passant dans les mains d'un héros,

A l'ennemi tu fis tourner le dos.

    De la gloire tu t'environnes :

    Tu dois t'enorgueillir un peu,

Car en restant dans le juste-milieu

    Tu sus défendre la Colonne.

O. P.

La Diane.

●

Air : Amis, la matinée est belle (de *la Muette*).

Avant que l'aube reparaisse,
Le tambour résonne au bivouac ;
Honte au soldats que la paresse
Retient couché sur son bissac !
De notre garde impériale

    Debout, soldats

C'est la diane matinale,

    Debout, soldats !

Gloire et périls ne vous manqueront pas (*Bis.*)

Peut-être du hameau rustique
Vous croyez voir les toits fumer,

Ou près de l'église gothique ,

Le bal champêtre se former.

Chassez des rIves pleins de charmes ,

Debout, soldats !

La sentinelle crie aux arme.

Debout, soldats !

Gloire et périls ne vous manqueront pas.

Réveillez-vous , brave milice ,

Le roi de Naples est à cheval ,

De hussard , portant la pelisse ,

Toque à plume et manteau royal.

Rien ne résiste à son audace ;

Debout, soldats !

Et les Pandours n'en réchapperont pas.

Compagnons, faits diligence !

De ses mamelouks précédé ,

L'empereur gravit en silence

Ceplateau, de canons gardé ;

Il sourit, bon ! L'autriche est sienne !

Debout, soldats !

Demain nous entrerons dans Vienne.
Debout, soldats!
Napoléon ne vous trompera pas.

Hélas! demain à la revue,
Combien manqueront à l'appel!
N'importe, une balle qui tue
Vaut mieux cents fois que le scalpel;
Mourir couché n'est pas d'un brave,
Debout, soldats!
La mort ne fait peur qu'à l'esclave.
Debout, soldats!
La France en deuil ne vous oubliera pas.

Vos chefs gagneront des couronnes,
Vous des épaulettes, des croix,
Et, mariés à des baronnes,
Peut-être un jour serez-vous rois.
Schœnbunn nous ouʌrira ses caves,
Debout, soldats!
Nous boirons le vin des margraves.

Debout, soldats !

Joie et festins ne vous manqueron pas.

Amis, dans la riche Allemagne,

Oh ! qu'il est doux de guerroyer !

Chaque soldat a sa compagne

Et l'on se grise sans payer ;

Au *Parter,* la walse commence ;

Debout, soldats!

Multiplies le sang de France.

Debout, soldats!

Myrthe et lauriers en voas manqueront pas.

J. VAISSIÈRE.

Paris. — Imprimerie de G.-A. Dentu, rue d'Erfurth, 1 *bis.*

Causeries

D'UN CURÉ DE VILLAGE AVEC SES PAROISSIENS,

DU TEMPS DE LA JACQUERIE.

❋

AIR : C'est le meilleur homme du monde.

LE CURÉ.

Vous et votre nouveau seigneur,
Serez-vous toujours les deux pôles?
Lui qui vous porte dans son cœur,
Vous le portez sur vos épaules!
Trouvez-vous son visage laid,
Ou trop ignoble sa prestance?...
Mais ne savez-vous pas qu'il est
Le plus honnête homme de France?

LES VASSAUX.

Des maux que nous avons soufferts
A peine nous séchions nos larmes,

TOME I.

Quand il vint ressouder les fers
Dont nous nous étions fait des armes.
Son triomphe, hélas! fut complet :
Aussi, complète est sa jactance...

LE CURÉ.

Mais souvenez-vous donc qu'il est
Le plus honnête homme de France.

LES VASSAUX.

L'impôt jadis nous écrasait :
Aujourd'hui l'impôt nous écrase ;
Jadis le Nord nous méprisait :
Un décret n'est plus qu'un ukase.
Nous avons reçu maint soufflet :
Nous fesons mainte révérence...

LE CURÉ.

Mais n'oubliez donc pas qu'il est
Le plus honnête homme de France.

LES VASSAUX.

Il fut élu sans notre aveu :

On nous dit qu'il était un aigle ;
Puis il jura que notre vœu
Du sien serait toujours la règle.
Faire de nous sa vache à lait,
C'était son unique espérance...

LE CURÉ.

Reconnaissez au moins qu'il est
Le plus honnête homme de France.

CH. L.

Le Bel Usage.

❀

AIR : Le lit, quel sujet sans pareil!

Il est aujourd'hui du bon ton
De s'épouser sans se connaître :
Que l'humeur sympathise ou non,
Chacun espère être le maître.
Mais moi, par un chemin nouveau
J'ai tenté d'entrer en ménage :
J'ai voulu connaître Isabeau...
Peu m'importe le bel usage!

Dans le choix que fait un époux,
Beaucoup d'argent, femme jolie,
Bonne maison, charmans bijoux,
Sont les objets de son envie.

Mais moi, plus bourgeois dans mes goûts,
Je n'ai cherché que femme sage,
D'un caractère aimable et doux...
Peu m'importe le bel usage!

Je vois toujours avec pitié
Un époux appeler *Madame*
Sa très-chère et digne moitié :
Moi bonnement je dis *Ma femme*.
Se chérir paraît trop commun ;
Femme d'autrui plaît davantage :
La mienne et moi ne faisons qu'un...
Peu m'importe le bel usage!

JULES DE SAINT-AURE.

La Cour des Miracles.

RONDE DES TRUANDS,

ou

LA LIBERTÉ AU MOYEN-AGE.

AIR : C'est l'amour.

Souffreteux,
Goutteux,
Boiteux,
Manchots, aveugles, culs-de-jatte,
Qu'on s'ébatte
A qui mieux mieux!...
Faux gueux,
En avant deux!

Peuples, écoutez nos oracles!...
Souverains, tremblez devant nous!
C'est ici la *Cour des Miracles* :
Ici nous sommes plus que vous.

   Vous nous coupez les vivres ;
   Mais, pour venger leur droit,
   Quand ils ne sont pas ivres,
   Les boiteux marchent droit!
     Souffreteux, etc.

Voyez cet amas de guenilles!...
Voyez ces danseurs ivres-morts!
Voyez bondir ces jeunes filles,
Cavales sans bride et sans mors!

   Vivat pour qui succombe
   Sur un tel champ d'honneur!
   Chaque danseur qui tombe
   Tombe sur un danseur.
     Souffreteux, etc.

Malgré nos jeux, malgré nos danses,
Nous montrons quelquefois les crocs :

Nous avons aussi des potences

Pour nos traîtres et nos bourreaux

A ce spectacle ignoble

La foule se ruant

Voit grimacer le noble

Non moins que le truand.

Souffreteux, etc.

Quand le bancal devient ingambe,

Le muet retrouve la voix...

Dansez, dansez, Petite Flambe,

Truands, Argotiers, Francs-Bourgeois!

Ne craignez plus d'obstacles :

Notre trône est d'airain ;

Dans la *Cour des Miracles*

Le peuple est souverain.

Souffreteux, etc.

Les carrefours sont nos théâtres ;

Et là, par un heureux trafic,

Nos infirmités, nos emplâtres

Intéressent notre public :

Ces blessures postiches
Nous dédommagent tous
Des impôts que les riches
Ont prélevés sur nous.
Souffreteux, etc.

Chez nous, sur un tonneau s'élève
Celui que nous appelons roi :
Au nom du verre, au nom du glaive ,
Il nous dicte gaîment sa loi.
Ivre quand il nous venge ,
Sa justice voit clair;
Et tranquille on se range
Sous son sceptre de fer.
Souffreteux, etc.

O roi de France, ô bon apôtre ,
Ton sceptre , qu'a forgé l'enfer,
Est-il plus léger que le nôtre?
Non : l'or est plus lourd que le fer.
Ton sceptre est une hache:
Le nôtre est un niveau...

Tu dévores la vache :

Nous nous bornons au veau.

Souffreteux, etc.

Ainsi parlaient, au moyen-âge,

Les gueux de la vieille cité.

Dans son ivresse et son courage

Le peuple puisait sa fierté.

Ainsi sa voix sonore

Tonnait contre les cours...

Ainsi diraient encore

Les enfans de nos jours.

Souffreteux,

Goutteux,

Boiteux,

Manchots, aveugles, culs-de-jatte,

Qu'on s'ébatte

A qui mieux mieux!...

Faux gueux,

En avant deux!

CLAIRVILLE *aîné.*

L'Incrédule.

❀

Air de Préville et Taconnet.

Vous savez tous que Thomas l'incrédule
Fut converti par un mot du Seigneur :
Il avala saintement la pillule
Qui fit tomber *le bandeau de l'erreur....*
Mais en latin c'est peut-être meilleur....
Ce temps n'est plus : pour moi je le regrette,
Puisqu'à ses yeux brilla la vérité :
Ainsi que lui j'en aurais profité...
Si du bon Dieu vous avez la recette,
Guérissez-moi de l'incrédulité.   (*Bis.*)

Lorsque je vois nos écrivains modernes
Avec orgueil publier leurs travaux
Qui sont remplis de prisons, de cavernes,
D'empoisonneurs, d'assassins, de bourreaux,

Comme il en pleut dans nos drames nouveaux...
Quoi ! ce fatras que le bon sens rejette
Les conduirait à l'immortalité!
Leurs noms iraient à la postérité!...
Si du bon Dieu vous avez la recette,
Guérissez-moi de l'incrédulité.

Quand un amant me peint en traits de flamme
La passion dont il se croit épris :
« Lise, dit-il, tu règnes sur mon âme ;
« Je suis heureux lorsque tu me souris,
« Et tes baisers m'ouvrent le paradis....
« D'un cœur brûlant ma bouche est l'interprète :
« Ne doute pas de ma sincérité ;
« Compte toujours sur ma fidélité !.... »
Si du bon Dieu vous avez la recette,
Guérissez-moi de l'incrédulité.

J'ai déjà vu quatre rois sur le trône,
Mais celui-ci doit les surpasser tous :
Un peuple entier lui porta la couronne,
Qu'il accepta par intérêt pour nous,

Car de régner il était peu jaloux.

Mais grâce à lui... du moins il le répète...

Chacun vivra dans la prospérité ;

Nous serons fiers de notre liberté...

Si du bon Dieu vous avez la recette,

Guérissez-moi de l'incrédulité.

Quand un prélat à face rubiconde,

Gonflé d'orgueil et se croyant béni,

Vient me prêcher qu'il est un autre monde

Où sans pitié chacun sera puni,

Et que l'enfer de fourneaux est garni...

Quoi ! nous serions, au son de la trompette,

Et sous les yeux de la Divinité,

Hachés menu comme chair à pâté !...

Si du bon Dieu vous avez la recette,

Guérissez-moi de l'incrédulité.

Mme F*****.

Récit naïf

D'UN ENFANT RAPPORTEUR.

AIR : Ah! vous dirai-je, maman.

Ah! vous dirai-je, papa,
Comme hier on me tapa?...
Me connaissant un cœur tendre,
Quel piége on osa me tendre!...
Il faut avoir du guignon!...
Plaignez-moi, papa mignon!

De chacun de nos aïeux
J'ai lu les faits glorieux :
L'amour fut de la famille
La plus mince peccadille...
Et pour en avoir tâté,
Voilà Fanfan éreinté!

Dans un borgne cabaret
Long-temps je tins en arrêt
Une charmante vilaine
De graisse et de grâce pleine...
Et tout bas je murmurais :
« J'entrerai dans tes secrets. »

Je me décide à la fin :
Mon piqueur, adroit et fin,
Par mon ordre s'insinue
Auprès de mon ingénue ;
Puis, de prime-abord comblé,
Pour le soir obtient sa clé.

Armé de ce fer vainqueur,
Je pénètre jusqu'au cœur...
Au cœur de la citadelle,
Sans escorte ni chandelle ;
Et, comme un vaillant soudard,
J'y plante mon étendard.

Ma prise dut me ravir...
J'étais à la parcourir,

Quand je reçois sur l'échine
Un noueux bâton d'épine
Dont les attouchemens drus
Troublent les miens en intrus.

Je me nomme tout tremblant...
On répond en redoublant :
« Je te connais, mon bel homme !
« Voilà pourquoi je t'assomme :
« Oui, Fanfan doit mieux payer
« Ses plaisirs qu'un roturier. »

Papa, vous êtes instruit
De mon œuvre et de son fruit :
Vengez un fils doux et tendre
Du piége qu'on sut lui tendre ;
Si vous plaignez mon guignon,
Vengez-moi, papa mignon !

CH. L.

Paris.— Imprimerie de G.-A. Dentu, rue d'Erfurth, 1 bis.

A Elle.

*

Air du premier pas.

Ta bouche proscrit la tendresse,
Mais tes yeux savent l'exprimer.
Tu ne veux point aimer, traîtresse :
Pourquoi veux-tu te faire aimer?
Si je prens ton joli corsage,
Si j'ose presser ton genou,
Ta bouche me dit d'être sage,
Tes yeux me disent d'être fou.   (*Ter.*)

Ah! j'en crois ces yeux que j'adore,
J'en crois le touble de tes sens,
Ce front charmant qui se clore
A mon aspec, à mes accens.
Par ta cruelle résistance
N'effarouche plus les Amours,
Et quand je crois à ton silence,
Crois donc enfin à mes discours.

Aphorisme épicurien.

❀

Air du Verre.

Sans être docteur en chansons,
Du déboire esssayant la cure,
Je fonds ensemble les leçons
Et d'Hypocrate et d'Epicure ;
Un aphorisme sans danger
Dompose à lui seul mon grimoire.
« Quand on a faim il faut manger,
« Et quand on a soif il faut boire! »

Des chevaliers du temps jadis
J'admire l'ardeur, la constance ;
J'aime les hauts fait d'amadis,
Mais je blâme son abstinence ;

Servir les belles, les venger,
Rien de mieux! mais avec la gloire :
Qund on a faim il faut manger,
Et quand on soif il faut boire!

Si, comme on nous l'a dit souvent,
Du Pinde les vierges badines
Ont fondé là-haut un couvent
De gentilles visitandines,
A ma règle on doit s'y ranger...
Pas de couvent sans réfectoire !
Quand on a faim il faut manger,
Et quand on a soif il faut boire!

Aux champs où mon maître en fredos
Où Béranger cueilla sa rose,
Un malheureux voit des chardons
Que du Lété l'eau froide arrose ;
L'appétit vient le démanger...
J'entends le bruit de sa mâchoi...
Quand on a faim il faut manger,
Et quand on à soif il faut boire!

Je rend souvent grâce aux destins

De ne m'avoir pas fait monarque,

Tant je hais ces royaux festins

Que l'orguel sert, que l'ennui marque;

Où l'étiquette vient siéger,

Où ne dînant que pour mémoire :

Quand on a *soif* il faut *manger,*

Et quand on a *faim* il faut *boire!*

JACINTHE LECLÈRE.

La Chose.

✿

AIR : J'étais bon chasseur autrefois.

La *chose* est un terme excellent
Qui peut exprimer toute *chose,*
Et se rencontre à tout moment,
Que l'on écrive ou que l'on cause.
Tout ce qui vient frapper nos sens,
Les beaux-arts, les vers et la prose,
Les biens, les maux, les sentimens,
Tout enfin prend le nom de *chose.*

Lorsque j'entends nos avocats
Contester la moindre *chose,*
J'estime que tous leurs débats
Sont la plus insipide *chose;*

Si j'écoute encor tout au long
Un prédicateur bien morose,
Je pense que ce beau sermon
N'aboutira pas à grand' *chose.*

Pour nous charmer à l'Opéra,
La danse est une aimable *chose!*
Je puis lorgner par-ci, par-ci, parlà,
Ce qui me plait, sans qu'en en glose.
Quand je distingue un air fripon,
Un œil qui promet quelque *chose,*
Taille légère et pied de mignon,
Je devine plus d'une *chose.*

Lorsque je suis d'un grand festin,
Je veux goûter de chaque *chose;*
J'aime les bons mets, le bon vin,
Toutefois à petite dose...
Loin de mes plus tendres amours,
Je dis : c'est une triste *chose!*
Sans être aimé point de beaux jours,
Aimer est la plus douce *chose.*

Sexe enchanteur, j'écris pour vous :
C'est un passe-temps que la *chose;*
Et je trouve toujours bien doux
De vous en glisser quelque *chose.*
Quand vous daignez avec faveur
Accueillir ce que je propose,
Vous me donnez le vrai bonheur
En faisant pour moi quelque *chose.*

NESTOR DE LAMARQUE.

Le Triomphe de Satan.

❁

AIR : Muse des bois et des accords champêtres.

Toi qui demain épouses ta maîtresse,
Toi qu'applaudit un théâtre nombreux,
Toi qu'enrichit ou la hausse ou la baisse,
Chacun de vous se dit : « Je suis heureux. »
Pauvres humains, songez à vos tortures :
Tous avec moi vous allez répéter :
On comprend mal les saintes écritures :
Sur le Très-Haut Satan dut l'emporter.

La vie, hélas! est un maladie :
Croître, à nos yeux, c'est décroître en secret;
L'homme se meurt tous les jours de sa vie,
Et la mort seule à la mort nous soustrait.

De la douleur nos corps sont les pâtures ;
Les vers bientôt vont se les disputer...
On comprend mal les saintes écritures :
Sur le Très-Haut Satan dut l'emporter...

Vois cet enfant qui gémit et qui pleure :
Si jeune encor, son cœur est-il serein?
Chagrin d'un jour et désespoir d'une heure,
Mais toutefois désespoir et chagrin.
Hélas! déjà ses peines sont bien dures!
Jugeons d'un poids par qui doit le porter...
On comprend mal les saintes écritures :
Sur le Très-Haut Satan dut l'emporter.

Mais le temps vole, et l'enfant devient homme :
A tous les maux le voilà condamné.
Malgré ce Dieu vanté dans plus d'un tome,
De son vivant tout homme est un damné.
Notre bonheur, composé d'impostures,
Fond au soleil, qu'il ne peut supporter ..
On comprend mal les saintes écritures :
Sur le Très-Haut Satan dut l'emporter.

Si l'un se plaint, c'est qu'époux, fils et père,
La faim le suit et le travail le fuit ;
Sur le duvet l'autre se désespère :
L'ennui le jour et des crampes la nuit.
L'un envîrait l'ennui dans ses voitures,
L'autre la faim, qu'il voudrait acheter...
On comprend mal les saintes écritures :
Sur le Très-Haut Satan dut l'emporter.

Esprit divin, dont si pure est l'essence
Et le réveil si vaguement daté,
Dis : es-tu bon ? — Où donc est ta puisssance ?
Es-tu puissant ? — Où donc est ta bonté ?...
O Créateur, laisse les créatures
Te détroner pour te mieux respecter...
On comprend mal les saintes écritures :
Sur le Très-Haut Satan dut l'emporter.

CH. L.

Complimens de Condoléance

AUX CRIEURS PUBLICS.

❋

AIR : Faut d' la vertu, pas trop n'en faut.

La Chambre a su s'approprier </br> Le monopole de crier. } *Bis.*

Pauvres crieurs, qu'allez-vous faire? </br> Vous avez perdu votre état... </br> C'est pour vous une triste affaire ; </br> C'est contre vous un attentat.

La chambre a su s'aproprier </br> Le monopole de crier.

Vos cris, pour vos pâles familles </br> Tous les jours obtenaient du pain... </br> Petits garçons, petites filles , </br> C'est vous qui criez... mais de faim.

La Chambre a su s'approprier
Le monopôle de crier.

Peuple, sans cesse on te rapine...
Souverain dès long-temps proscrit,
Ta couronne, hélas! est d'épine
Comme celle de Jésus-Crhist.

La Chambre a su s'approprier
Le monopole de crier.

Tes amis tâchaient de t'instruire
De ton devoir et de ton droit;
Mais ton droit on ne fait qu'en rire;
Ton devoir, c'est de marcher droit.

La Chambre a su s'approprier
Le monopole de crier

On t'enjoint d'ôter ta jaquette
Chaque fois qu'on veut te fesser;
Quand on veut marcher sur ta tête,
On t'ordonne de la baisser.

La Chambre a su s'approprier
Le monopole de crier.

Ceux que ta sueur désaltère,
Ceux que ton sang a fait si gras
Voudraient te vider chaque artère
Pour amollir tes nerveux bras.

La Chambre a su s'approprier
Le monopole de crier.

Ils comptent sur ta patience,
Comme toi sur leur équité;
Mais des deux parts, l'expérience
Est grosse d'incrédulité

La Chambre a su s'approprier
Le monopole de crier

Ronde momusienne.

AIR : Vive la saison de l'automne.

Aimable Momus, joyeux drille,
Prête-moi, pour me mettre en train,
Et pour égayer ta famille,
Tes grelots et ton tambourin !

Que ma gaîté se communique !
Sans regret, laissons aujourd'hui,
Aux intrigans la politique ;
Aux sots, l'étiquette et l'ennui.

Aimable Momus , etc.

Que de ris la joyeuse escorte
Pénètre librement ici ;

Mais consignons à notre porte,
Et la discorde et le souci!
Aimable Momus, etc.

Contre les misères humaines
Le pessimiste tonne en vain ;
Une chanson calme mes peines,
Je les oublie avec le vin.

Aimable Momus, etc.

Salomon, des rois le plus sage,
Semble avoir tout exprès pour nous,
Écrit imortel adage :
Les plus sages sont les plus fous.

Aimable Momus, etc.

Frappons les voûtes de ce temple
De nos bachiques orémus;
Jeunes beautés, que votre exemple
Anime les fils de Momus!

Aimable Momus, etc

Sur vous notre bonheur se fronde ,

Tendons qu'on séduit , vin qu'on boit,

Tout est chimère dans ce monde ,

Hors les plaisirs que l'on vous doit.

Aimable momus , etc.

Franc buveurs, que ce lieu rassemble

Levon-nous, et le verre en main,

A l'envi, tous ensemble

En répétant ce gai refrain :

Aimable Momus , joyeux drille ;

Prête-moi , pour mettre en train ,

Et pour égayer ta famille ,

Tes regrets et ton tambourin !

UN EX-MOMUSIEN.

Paris. — Imprimerie de G.-A. Dentu, rue d'Erfurth, 1 bis.

Titi

A LA PREMIÈRE REPRÉSENTATION

DE

LE PHILOSOPHE ET LE BRIGAND,

Mélodrame en sept Tableaux,

REPRÉSENTÉ AU THÉATRE DE LA PORTE-SAINT-MARTIN.

———

POT-POURRI PHILOSOPHIQUE.

❋

AIR : Gai, gai, marions-nous !

Traînard
Du boulevard,
Et du theâtre
Idolâtre,
Chacun peut m'appeler
Le pillier
Du poulailler.

Renommé pour mon esprit,
J' voulons faire une analyse,
Une analyse qui dise
Plus que l'ouvrage ne dit.

Par ainsi,
J'ai choisi
Un' pièce
D' nouvelle espèce,

6

Un' pièc' qui fait frémir,
   Qui fait gémir
     Et dormir.

Déjà l' public a senti
Les bons mots qu' j'ai su lui dire :
Or, si Titi vous fait rire,
Messieurs, écoutez Titi.

    Il va
   Vous conter ça,
     N'importe
   De quelle sorte,
Si l' public érudit
   Applaudit
   C' que Titi dit.

Air : Souvenez-vous en.

C' drame d'un effet certain
S' donne à la Port'-Saint-Martin :
Ce n'est pas de la Saint-Jean,
Souvenez-vous en, souvenez-vous en!...
Vous qui vous y connaissez,
Lisez vite et frémissez !

AIR : Voilà les portraits à la mode.

D'abord un prologue ousqu' y a des brigands
Qui toutes les nuits assassin'nt les passans
   Nous montre clair'ment
   Quel est l'inconvénient
D' voyager au clair de la lune.
Voilà-z-un' comtesse au pouvoir du lieut'nant...
   Mais heureusement,
   L' chef, qu'est un bon enfant,

Au nez des brigands
Lui donn' la clef des champs...
C' bandit-là n' f'ra jamais fortune.

AIR : Bon voyage, cher Dumolet.

Vite, en route!
S' dit-il après :
Dans les forêts
C' métier-là me dégoûte;
Vite, en route!
En remplac'ment
Je laisse ici Wolf, mon premier lieut'nant.

Adieu, messieurs! c' n'est plus moi qui commande :
Vos bénéfices n' sont pas conséquens.
— Ah! tu t'en vas, s' dit un homme d' la bande :
C'est bon! j' te suis, car j' t'en veux d'puis long-temps.

Vite, en route!
Suivons ses pas....
L' cadet n'a pas
D' mon projet l' moindre doute.
Vite, en route!
J' veux son trépas,
Et coût' que coûte
Il sautera le pas!

AIR : V'là c' que c'est qu' d'aller au bois.

Mais Wolf, qu'aim' tendrement Oscar,
Lui dit, en l' prenant à l'écart :
C'est moi qu'ai soigné ton enfance,
Ton adolescence :
Homm' sans r'connaissance,

Si t'as fait ton ch'min sus l' grand ch'min,
C'est qu' j' t'ai mis l' poignard en main.

AIR : Mon père était pot.

Il faut, qu' dit l' chef en s'en allant,
Qu'à la ville j' séjourne !
Ah ! qu' dit à part le lieutenant,
Tu n' sais pas d' quoi qu'y r'tourne !
Moi, j'ai–z–un secret,
Mais j' f'rai le discret....
— Voyez-vous la finesse !
J' croyons fermement
Qu' c'est tout bonnement
Pour alonger la pièce.

Même air.

Oscar s'éloigne... En l'embrassant
Wolf éprouve d' la peine ;
Puis il se console en pensant
Qu'il va–t–êtr' capitaine ;
Mais l'autre bandit
En lui-même s' dit :
Ça n' fait pas mon affaire :
J' m'en vas suivre Oscar,
Et je l' tuerai, car
J' n'ai rien de mieux à faire.

AIR : Nous nous marîrons dimanche.

Au second tableau,
Quand s'lève l' rideau,
J' voyons Oscar dans un' chambre.
L' bandit qui d' son chef
A suivi son chef,

Conspire dans l'anti-chambre.
Un' voix m' parvient
Criant : *C' qui vient*
D' paraître.
C' cri dangereux
Est séditieux
Peut-être.....
Quoi! z-aux deux auteurs
La loi des crieurs
N' s'était donc pas fait connaître!

AIR : Ciel! l'univers va-t-il donc se dissoudre!

Vingt mill' florins à c'lui qui nous délivre
De cet Oscar, le bandit d' la forêt.
— Dans peu-z-il aura cessé d' vivre;
Ce soir, oui ce soir je vous l' livre,
S' dit l'autr' brigand qui charge un pistolet.
Mais Oscar, qu'est *malin*,
Par la serrure
Voit sa figure :
D'avance il jure
Qu'il sera le plus fin.

AIR : Bonsoir, la compagnie.

L' bandit,
Qu'a peu d'esprit,
Entre à peine
Chez l'capitaine,
Qu'Oscar l' prend au collet
Et lui tire un coup d' pistolet.
A c' bruit v'là qu'on accourt;
Mais, loin de rester court,
Oscar, content d' son crime;

En montrant sa victime
Dit : C'est Oscar que v'là !
Et l' prologu' finit là.

AIR : Tout le long, le long de la rivière.

Étonné de c' prologue-là,
J' me demand' comment qu'ça finira...
J' voyons, au commenc'ment d' la pièce,
Un vieux docteur, une comtesse :
L' docteur analyse avec front
Les boss's que nous avons au front ;
Et sur des fronts v'là sa main qui s' promène
Tout le long, le long d'une fort longue scène,
Tout le long d'une très-longue scène.

AIR : Bonjour, mon ami Vincent.

Mais enfin bientôt j'apprends
Que c' monsieur qu'a tant d'adresse
Jadis a fait deux enfans
A madame la comtesse....
V'là ben c' qui prouve aux spectateurs
Qu' tous ces savans-là sont des séducteurs.
Pour peu que l' public s'y connaisse,
Ça lui fait bien voir
Qu'en f'sant leur devoir,
Ces docteurs si bons
Pour tâter les fronts
Sont encor meilleurs
Pour tâter ailleurs.

AIR : Lise épouse l' beau Germance.

L' docteur, bon pèr' de famille,
Voudrait r'connaître sa fille ;

Mais la comtess', par malheur,
N' veut pas épouser l' docteur.
Vainement-z-il se démène :
— Il est trop tard maintenant.
— Bref, à la fin de c'tte scène,
L' docteur sort en maronnant.   *Bis.*

AIR des Pendus.

Mais j'oublions un incident :
Leur fils, qu'était-z-un bel enfant,
Leur fut dérobé-z-en bas âge...
Ils n'en savent pas davantage....
Dans les dram's du jour il y a
Toujours queuqu' enfant d' pris comm' ça.

AIR : Du haut en bas.

Mais v'là l' brigand
Qui s'nommait Oscar dans la bande
Qui r'vient fringant,
Avec un habit-z-élégant :
C'est la comtesse qu'il demande...
Et j'dis, morbleu ! qu' l'audace est grande
Pour un brigand.

AIR : Au coin du feu.

La comtesse, ravie
De lui devoir la vie,
Le r'çoit d' grand cœur.
Quoique j' sach' qui vous êtes,
Monsieur l' brigand, vous m' faites
Beaucoup d'honneur.   *Ter.*

AIR du vaudeville du *Sorcier.*

Pour paraître avec avantage ,
Faut un nom qu'aie d' la splendeur.
Lui, qui n'attend pas d'héritage,
A tué l' fils d'un grand seigneur.
Les lois prescrites par le Code
Font le malheur des jeunes gens :
    Leurs parens
    Sont vivans
    Trop long-temps.
L' moyen d'Oscar est plus commode ;
C'est plus sûr, c'est plus lucratif,
Et beaucoup plus expéditif.   *Bis.*

AIR de Marianne.

Après avoir commis ce crime ,
Oscar, qu'est un adroit voleur,
Prend tous les papiers d' sa victime ,
Et passe pour le grand seigneur.
    Bientôt dans l' monde
    On le seconde :
Bientôt mon homme devient magistrat ;
    Chacun l' révère,
    Le considère ;
C'est presque enfin l' plus-z-huppé de l'État...
Et v'là ben c' qui nous fait voir comme
Un titre, un costume élégant,
Peuvent transformer un brigand
En parfait honnête homme.   *Ter.*

AIR : Halte-là.

V'là qu'Oscar a d' la noblesse,
Le v'là marqué-z-au bon coin.

Parlez-moi d'une comtesse !
Comm' ça nous fait-z-aller loin!
Elle sait, de s'cousse en s'cousse,
Partout nous fair' pénétrer :
Quand on avance et qu'ell' pousse,
Il faut finir par entrer.
    Son blason
    Donn' raison
Au *vilain* qu'est beau garçon.

AIR : Je loge au quatrième étage.

A la Bourse, infernal refuge,
Au s'cond acte on voit maint joueur.
Notre brigand, qui s'est fait juge,
De juge s'y refait voleur.   *Bis.*
Sous un faux nom il charme, il brille
A tous les regards étonnés ;
Et le pauvre jobard qu'il pille
N'y voit pas plus loin que son nez.   *Bis.*

AIR : Une fille est un oiseau.

Mais quel hasard surprenant!
Quell' singulière rencontre!
Dans un homm' qui vol' sa montre
Y r'connaît son lieutenant.
C'est lui! — Chut! — Oscar ! — Silence!
— Qu'as-tu donc? — Faut d' la prudence!...
Tu me r'trouv' dans l'opulence...
Viens parler dans ce p'tit coin...
Ce cher Wolf! en conscience,
J' suis bien content d' sa présence!...
Mais j' voudrais l' savoir bien loin.   *Bis.*

AIR des Fleurettes.

D' parler chacun s'régale,
Le juge et le bandit.
D'abord, pour la morale,
Dans c'te scène on nous dit
Que chaqu' magistrat qu'on r'nomme
Est un brigand-z-inhumain,
Et qu' chaqu' voleur de grand ch'min
Est un digne homme.

AIR : Dépêchons, dépêchons, dépêchons-nous.

Ils s'rencontr'nt encore une fois...
Mais derrière un' glace
La fille d' la comtesse s' place...
Les brigands s' racont'nt leurs exploits....
Puis ils aperçoiv'nt la d'moiselle aux abois...
Assassi, assassi, assassinons
C'tte fill' qui peut-être
Un jour pourrait nous compromettre!
Frappons, fra, frappons, fra, frappons, frappons!
Car, une fois morte, ell' s' taira, j'en réponds !

AIR : O filii et filiæ.

Alors, v'là que c' brigand d'Oscar
Lui lâche un affreux coup d' poignard...
Quel mauvais sujet que c' gueux-là!...
Alléluia!

AIR des Trembleurs.

J' voyons accourir le père,
Les domestiques, la mère :

Chacun pleure et s' désespère ;
Mais Oscar, qui s' voit pincé,
Fait arrêter son complice,
Le dénonce à la police...
Quitte à lui rendre justice
Quand il sera trépassé.

AIR : Nos amours ont duré toute une semaine.

Dieu ! qu' c'est embêtant ! dit Wolf en colère,
Qui depuis ce temps-là moisit dans ce cachot.
V'là mon dernier jour !... Mais pourtant j'espère,
Oscar peut m' sauver, car il n'est pas manchot.

Ce s'cret que j' pouvions lui dir' dans l' prologue,
J' vas le lui couler dans un beau dialogue :
Il pens'ra p't-êtr' ben que j' m'y prends un peu tard :
N' lui dir' qu'aujourd'hui qu'il est-z-un bâtard,
Moi qui cependant l'ai connu moutard !...

On vient !... C'est Oscar !... Dieu d' miséricorde !...
— Oui, c'est moi, qu' dit l'autr' : n' faut pas barguigner !...
Tiens, prends-moi c'tte lime et c'tt' échell' de corde ;
Et-z-adroitement tâche de t'esbigner.

AIR : Au clair de lune.

— J'ons un s'cret à t' dire :
Tu n'est pas mon fils.
— Eh ! ça va sans dire !
Mais d' qui que j'suis l' fils ?
— Ah ! je peux ben t' dire
Qu' tu n'es pas mon fils,
Mais je n' peux pas t' dire
De qui que t'es l' fils.

AIR : Le port Mahon est pris.

— J' n'y saurais rien comprendre.
— Apprends,
Comprends
Qu' je m' suis laissé prendre
Un brass'let qu' j' laissais pendre
Sur mon individu :
J' l'ai perdu, j' l'ai perdu, j' l'ai perdu !
— Quel était
Ce brass'let ?
— Celui qu' ta mèr' portait.
— Que le diable t'emporte !
Répond Oscar, qu' la fureur transporte :
Qu'attendais-tu d' la sorte
Pour me dir' tout ceci ?
— C' tableau-ci, c' tableau-ci.

AIR des Fraises.

V'là comme a force d' malheurs,
Les évén'mens s' préparent.
Dans nos dram's on sait d'ailleurs
Qu' les brass'lets et les auteurs
S'égarent, s'égarent, s'égarent.

AIR : C'est l'amour, l'amour.

Me v'là ben plus avancé !
Tu pouvais m' taire
Ce mystère...
Mais j' m'en vas, car j' suis pressé
D' réparer le temps passé.

— Mais dis-donc : y a-z-un' sentinelle
Qui veille au bas de ce donjon.

— Va, ne crains rien : j' te réponds d'elle.
— Et quand Wolf est dans sa prison,
     Au geôlier qu'il appelle
     Oscar (comme c'est sournois!),
     Au lieu d'un' sentinelle,
     Ordonn' d'en placer trois.
« Veillez sus c' brigand,
          « Et quand
     « Vous l' verrez paraître
          « A la f'nêtre,
« D'après les usag's reçus,
     « Vous tirerez dessus. »

AIR : La vie est un fleuve profond.

Voyez comm' tout s' fait *à propos !*
Au dernier acte la comtesse
Écoute les galans *propos*
De ce brigand qui l'intéresse ;
Et v'là qu'*à propos* un valet
Vient troubler l' plaisir qu'elle éprouve :
Il rapporte l' fameux brass'let....
Si l'on l' perdit *à propos*, c'est
Pour qu'*à propos* on le retrouve.

AIR : A coup d' pied, à coup de poing.

La comtesse, en voyant c' brass'let,
Dit : « C'est celui que mon fils portait. »
Et sa douleur est bien amère :
Plus d' dout'! c''est celui qu' Volf a perdu.
Grâc' à c' brass'let zinattendu,
          Oscar, qu'est fin,
     S'aperçoit à la fin
Qu'il est bien le fils de sa mère.

AIR : Mes chers amis, dans cette vie (*le Calif de Bagdad*).

Comm' ça s' fait toujours dans les drames ;
Le bandit dit *Dissimulons !*
De baux messieurs et de belles dames
Viennent encombrer les salons ,
Pour prouver, du moins je l' suppose ,
Qu'un' croix n'prouve pas grand' chose ,
A nos yeux un ambassadeur
Au brigand donn' la croix d'honneur.

AIR : Je vous comprendrai toujours bien.

Quand il est d' la Légion-d'Honneur
Et qu'il a rassemblé son monde ,
A table Oscar dit z'au docteur,
Qui dans un coin maronne et gronde :
« Vous, monsieur, qui vous avancez
Dans une science profane ;
Puisque vous vous y connaissez ,
Tâtez-moi ce cu (*ter*) rieux crâne. »

AIR : Faut d'là vertu, pas trop n'en faut.

Le docteur, qu'est zun vieux lapin ,   } *Bis.*
Lui dit : « Vous êtes un assassin. »

D' s'ouvrir le brigand s'efforce ,
Et là-d'sus l' geolier d' la prison
Vient dir' qu'un homm' qui n'a plus d' force
Veut entrer d' forc' dans la maison.

Oscar voit bien qu' c'est z'un coup d'chien.
L' docteur dit : « Fait's entrer c' vaurien. »

On amène Wolf, qui s' fait entendre
Et qui débrouille l' chapelet.

Mais qui diable aurait pu s'attendre
Qu' les trois sentinelles l' manquerait !

Oscar, qui se sent dans son tort,
Pense qu'il faut crier bien fort.

RÉCITATIF.

AIR : Cent esclaves ornaient ce suberbe festin.

Oui, je suis un brigand que réclam' l'échafaud ;
Mais ça n'empêche pas qu' j'suis homme comme il faut.

AIR : Cocu, cocu, mon père.

Avec monsieur mon père,
Vous avez fait, ma mère,
Votre mari cocu ;
J'en suis bien convaincu.
N' croyez pas qu' je pardonne :
Mes parens, je vous donne
Sans hésitation
Ma malédiction !
Adieu, femme adultère,
Et vous monsieur mon père,
C' crân' qui va la sauter
S'ra fort beau–z–à tâter.

RÉFLEXIONS PHILOSOPHIQUES.

AIR : D'aignez m'épargner le reste.

De bonn's leçons ce drame est gras ;
Car pour douze sous qu' ça nous coûte,
Nous voyons que nos magistrats,
Sont des brigands de grande route.

De celui qui vol' dans les bois
Le sort toujours sera funeste;
Mais quand on vole au nom des lois,
On obtient gloire, honneurs, emplois,
Et l'on nous fait grâc' du reste.

Même air.

Pour s'élever au premier rang,
Oscar s'y prend d' la bonne manière.
D'abord il poignarde l' brigand
Qui veut l' livrer au commissaire ;
Ensuit' v'là qu'il fait sauter l' pas
A sa sœur qui lui s'rait funeste ;
De Wolf il ordonne l' trépas ;
Et si l' rideau ne baissait pas,
Il assassinerait le reste.

CLAIRVILLE aîné.

Paris. — Imprimerie de G. A. Dentu, rue d'Erfurth, 1 bi.

www.ingramcontent.com/pod-product-compliance
Lightning Source LLC
Chambersburg PA
CBHW070130100426
42744CB00009B/1784